特殊奧運
——— 桌球 ———

特殊奧運桌球運動規則

（版本：2016 年 6 月）

■ 桌球項目

關於桌球項目：

　　每位運動員的目標為使用桌球拍將球打過網到對手側。桌球是一項講求手眼協調的高速運動。特殊奧運的選手具備力量與才能的基本元素，使得他們可以從事桌球運動。除了傳統賽事以外，特殊奧運會包括了個人技術項目，提供運動員能夠練習及參與基本桌球技能競賽的機會。使用球拍攔擊與反手擊球，這些基本技能的發展對於運動員參與競賽是不可或缺的能力。

特殊奧林匹克桌球項目設立於 1987 年。

特殊奧運桌球的不同之處：

　　特殊奧運桌球協會替輪椅競賽修改了規則。任何大小與泡綿組合的椅墊都可以被運用，而輪椅也不須具備椅背。另外，球桌不應該有任何障礙物，以防止阻礙選手們輪椅的自由與順暢地移動。輪椅選手們在比賽之中可以用非執拍手碰觸桌面，也不會失分；然而不得在擊球時做此動作予以協助。輪椅選手們的腳部與輪椅踏板在比賽中不得碰觸地面。

相關數據：

- 2011 年共有 151,693 位特殊奧運運動員參與桌球賽事
- 2011 年 105 個特殊奧運成員組織舉辦桌球比賽
- 過去七年內，參與桌球項目的運動員數量成長近 3 倍
- 桌球也經常被稱為「乒乓球」
- 桌球在 1988 年開始被列入夏季奧運項目

競賽項目：

- 目標發球
- 球拍彈球
- 個人技術競賽
- 單打
- 雙打
- 混合雙打
- 輪椅競賽
- 融合雙打
- 融合混合雙打

協會／聯盟／贊助者：

國際桌球協會（ITTF）

特殊奧運分組方式：

　　每項運動和賽事中的運動員均按年齡，性別和能力分組，讓參與者皆有合理的獲勝機會。在特殊奧運中，沒有世界紀錄，因為每個運動員，無論在最快還是最慢的組別，都受到同等重視和認可。在每個組別中，所有運動員都能獲得獎勵，從金牌，銀牌和銅牌，到第四至第八名的緞帶。依同等能力分組的理念是特殊奧運競賽的基礎，實踐於所有項目之中，包括田徑、水上運動、桌球、足球、滑雪或體操等所有賽事。所有運動員都有公平的機會參加、表現，盡其所能而獲得團隊成員、家人、朋友和觀眾的認可。

1 總則

正式特奧桌球運動規則將規範所有特奧桌球賽事。針對這項國際運動項目，特奧會依據國際桌球總會（ITTF，International Table Tennis Federation）與國際帕拉林匹克殘障桌球委員會（IPTTC，International Paralympic Table Tennis Committee）的桌球規則（詳見 http://www.ittf.com/ 與 http://www.internationalbadminton.org/）訂定了相關規則。輪椅競賽應採用國際帕拉林匹克殘障桌球委員會規則。國際桌球總會（ITTF）、國際帕拉林匹克殘障桌球委員會（IPTTC）或全國運動管理機構（NGB）之規則應予以採用，除非該等規則與正式特奧桌球運動規則或特奧通則第 1 條有所牴觸。若有此情形，應以正式特奧桌球運動規則為準。

有關行為準則、訓練標準、醫療與安全規範、分組、獎項、比賽升等條件及融合運動團體賽等資訊，請參閱特奧通則第 1 條：http://media.specialolympics.org/resources/sports-essentials/general/Sports-Rules-Article-1.pdf。

2 正式比賽

比賽項目旨在為不同能力的運動員提供比賽機會。各賽事可視情況決定所提供的比賽項目及視必要性訂定管理比賽項目之規章。教練可因應運動員的能力及興趣，選擇合適的項目加以培訓。

下列為特殊奧林匹克提供的正式項目：

2.1 目標發球

2.2 球拍擊球

2.3 回擊

2.4 個人技術賽

3　設施與器材

3.1　球檯

1. 球檯檯面為長 2.74 公尺（9 英尺）、寬 1.525 公尺（5 英尺）的長方形，球檯檯面（後稱「比賽檯面」）應為距地面 76 公分（2 英尺 6 英寸）的水平面。

2. 球檯檯面可由任何材料製成，但需有均勻彈力，且標準桌球由距檯面 30.5 公分（12 英寸）高落下時，反彈力應介於 22 公分（8.75 英寸）與 25 公分（9.75 英寸）間。球檯檯面四周邊緣應以 1 條寬 2 公分（3/4 英寸）白線包圍。球檯兩端的線稱為端線，而球檯兩側的線則稱為邊線。

3. 雙打賽中，比賽檯面應以 1 條 3 公釐（1/8 英寸）寬、與邊線平行的白色中線分為一半。此中線將視為雙方右半區的一部分。

4. 比賽檯面包括球檯的頂部邊緣，但不包括球檯的側邊。

3.2　圖示

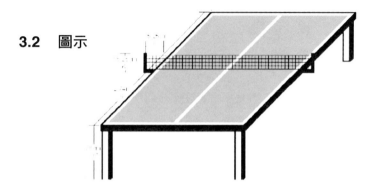

3.3　球網

1. 比賽檯面由一個與端線平行的垂直球網分為兩個面積相同的球檯區。
2. 球網應由懸網繩綁在球檯兩側高 15.25 公分（6 英寸）的直立網柱上。
3. 球網懸掛時應為 183 公分（6 英尺）長，其頂端（沿整個球網）應距比賽檯面 15.25 公分（6 英寸）。球網底部（沿同整個球網）須緊貼比賽檯面，而球網兩端應緊貼網柱。
4. 球網裝置應包括球網、懸網繩與網柱（含將網柱固定至球檯的網夾）。

3.4　球

1. 球為直徑 40 公釐（1.57 英寸）的圓球體。
2. 球的重量為 2.7 公克。
3. 球應使用賽璐珞或類似的塑膠材料製成，應為白色或橘色且無光澤。

3.5　球拍

1. 球拍大小、形狀及重量不限。
2. 底板應以木材製成，並為相同厚度、平整及堅硬。
3. 底板厚度至少有 85% 應為天然木材。

4. 底板的粘合層可以碳纖維、玻璃纖維或壓縮紙等纖維材料進行加強，但每層不得超過底板總厚度的 7.5% 或 0.35 公釐（兩者取較小者）。

5. 用於擊球之拍面應以顆粒向外的一般顆粒膠覆蓋，連同粘合劑之厚度不得超過 2 公釐（1/16 英寸）；或若使用顆粒向內或向外的海綿膠覆蓋，連同粘合劑之厚度不得超過 4 公釐。

6. 覆蓋材料應覆蓋整個拍面，但不得超過其邊緣。靠近拍柄及手指執握部分可不用覆蓋，亦可用材料覆蓋並視為拍柄的一部分。

7. 底板、底板粘合層、用於擊球之拍面上任何覆蓋材料或粘合層須為一整塊且厚度相同。

8. 每局比賽開始時，及比賽期間運動員更換球拍時，必須向對手及裁判展示將使用的球拍，並允許他們檢查。

9. 球拍拍面不論是否以材料覆蓋，都必須無光澤，且一面為鮮紅色，另一面為黑色；球拍邊緣的包邊應無光澤，且不得為白色。

10. 球拍不得使用經物理、化學或其他處理的覆蓋材料。

11. 若因意外損壞、磨損或褪色，導致拍面整體和顏色的一致性出現些微差異，只要未明顯改變拍面的性能，則可允許使用。

4 詞彙

4.1 回合

「回合」是指球處於比賽狀態的一段時間。

4.2 重發球

「重發球」是指不予判分的回合。

4.3 得分

「得分」是指予以判分的回合。

4.4 執拍手

「執拍手」是指握球拍的手。

4.5　非執拍手

「非執拍手」是指未握球拍的手。

4.6　擊球

「擊球」是指運動員以手中球拍或執拍手手腕以下部分碰觸球。

4.7　阻擋

「阻擋」是指比賽中對方擊球後，球在未傳至比賽檯面或己方端線，且未觸及己方檯區前，觸及運動員或其穿戴的任何物品。

4.8　發球員

「發球員」為一個回合中先擊球的運動員。

4.9　接發球員

「接發球員」為一個回合中第二個擊球的運動員。

4.10　裁判

「裁判」為被指定控管一場比賽的人。

4.11　穿戴物

「穿戴物」是指運動員穿戴的物品，包括運動員在一個回合開始時所穿戴的任何物品。

4.12　出界

若球越過延伸至檯外的球網裝置上方、下方或外側，或回擊的球越過球網後又回彈過網，則均應視為「越過或繞過球網裝置」。

4.13　端線

「端線」包括端線兩端無限延伸線。

5 比賽規則

5.1 單打與雙打基本規則

1. 一局

（1）一局中，先取得 11 分的一方勝出，若雙方打至 10 比 10 平手，則比賽將繼續進行直到其中一方領先對手二分，才算勝出。

2. 一場

（1）一場比賽的局數應為單數。

3. 選擇場地與發球權

（1）一場比賽的場地和發球／接發球權選擇將以擲硬幣決定。

（2）擲硬幣獲勝的一方可選擇：

（2.1）先發球或先接發球，而另一方則可以選場地。

（2.2）選場地，而另一方則有權選擇先發球或先接發球。

（2.3）雙打賽中，選擇先發球的一方須決定由哪位隊友先發球。

（2.4）一場比賽的第一局中，先接發球的一方須決定由哪位隊友先接發球。

（2.5）之後的各局，發球的一方決定誰先發球後，先接發球的運動員應是前一局發球給他／她的運動員。

4. 交換場地

（1）對賽雙方須每局輪流交換場地。在決勝局中，當任一方先得 5 分時，雙方應交換場地。

5. 比賽順序

（1）單打時，先由發球員合法發球，再由接發球員合法回擊。此後雙方按此順序輪流回擊。

（2）雙打時，先由發球員合法發球，再由接發球員合法回擊，然後由發球員的隊友回擊，最後由接發球員的隊友回擊；此後雙方按此順序輪流回擊。

6. 交換發球權

（1）每得兩分後，接發球一方應轉為發球一方，並以此類推直到該
局結束，除非雙方 10 比 10 平手或採輪流發球制（即發球和接發球
順序不變，但每分都要交換發球權）。

（2）雙打

 （2.1）頭兩分發球須由有權先發球一方選定的發球員發球，並由
   另一方選定的接發球員回擊。

 （2.2）第二輪兩分發球則由頭兩分的接發球員發球，並由第一個
   發球員的隊友合法回擊。

 （2.3）第三輪兩分發球則由第一個發球員的隊友發球，並由第一
   個接發球員的隊友合法回擊。

 （2.4）第四輪兩分發球則由第一個接發球員的隊友發球，並由第
   一個發球員合法回擊。

 （2.5）第五輪兩分發球與頭兩分發球的方式相同，以此類推直到
   該局比賽結束或雙方 20 比 20 平手。

 （2.6）雙打賽中，每一局接發球的一方將於下一局成為發球的一
   方。

（3）當雙方 10 比 10 平手，發球和接發球順序不變，但每人只輪流
發 1 球，直至該局比賽結束。

（4）一局比賽中先發球的一方將於下一局轉為先接發球的一方，以
此類推直到該場比賽結束。

7. 發球、接發球和場地的順序錯誤

（1）若發現運動員應交換場地而未交換時，應立即暫停比賽，並更
換為正確場地後再繼續比賽。

（2）若發現發球或接發球順序錯誤，應立即暫停比賽，並依該場比
賽開始時確立的發球與接發球順序更正後再繼續比賽。

（3）在任何情況下，發現錯誤前的所有得分均有效。

8. **合法發球**

（1）發球時，球應隨意放置於發球員靜止且張開的非執拍手手掌上。

（2）從球離開靜止且張開的非執拍手手掌至擊球為止，非執拍手與球拍應高於比賽檯面的水平面。

（3）發球員只能以手將球向上拋起，不得使球旋轉，且球離手掌的垂直高度不得少於 16 公分（6 英寸）。

（4）球從拋起軌跡最高點下降時，發球員應予擊球，使球首先觸及己方檯區，然後直接越過球網或球網裝置，然後觸及接發球員的檯區。

（5）雙打時，球應先觸及發球方的右半區，再觸及接發球方的右半區。

（6）若發球員未能於發球時合法擊球，將被判失 1 分。

（7）發球後，發球員的非執拍手臂與手應離開球與球網間的空間。此空間包括球及球網之間以及其上方的無限延伸。

（8）若發球員明顯未按合法發球的規定發球，則不必警告即可判對手得 1 分。

（8.1）除已指定副裁判的情形外，裁判在比賽中第一次懷疑發球員某個發球動作的正確性時，可中斷比賽並警告該發球員，而不需判失分；但同場比賽中後續發現同一運動員，因相同或任何其他原因，出現可疑發球動作時，則不再寬容並應判發球員失 1 分。

（8.2）若運動員因身體功能障礙而無法嚴格遵守合法發球的規定時，可由裁判裁決免予執行（但需於賽前通知裁判）。

9. **合法回擊**

（1）將比賽中發出或回擊的球擊回對方檯區，而球直接越過或繞過球網裝置或觸及球網裝置後，觸及對方檯區。

（2）將發出或回擊的球擊回對方檯區，而球因自身動力越過或繞過

球網裝置，然後直接觸及對方檯區。

10. **比賽中的球**

（1）指球在靜止狀態被拋起發球的瞬間起，直到觸及任何非比賽球檯、球網裝置、運動員手中球拍或執拍手手腕以下部分等其他地方，或直到該回合被判為重發球或得分為止。

11. **重發球**

（1）一回合出現下列情況時應判重發球：

（1.1）若發出的球，在越過或繞過球網裝置時，觸及球網或球網裝置後成為合法發球，或觸及球網或球網裝置後被接發球員或其隊友阻擋。

（1.2）若裁判認為球發出時，接發球員或其隊友未準備好，因接發球員及其隊友均未試圖擊球。

（1.3）若裁判員認為由於發生球員無法控制的干擾，導致運動員未能合法發球、合法回擊或遵守規則。

（1.4）若該回合因糾正發球、接發球順序或場地錯誤而受到中斷。

（1.5）若發球因懷疑發球動作正確性作出警告而受到中斷。

（1.6）若裁判認為比賽環境受到干擾，可能影響該回合結果。

12. **失分**

（1）除非該回合判為重發球，否則運動員將於以下情況失 1 分：

（1.1）若球員未能合法發球。

（1.2）若球員未能合法回擊。

（1.3）若球員阻擋球。

（1.4）若球員使用不符合規定的拍面擊球。

（1.5）若球在比賽狀態時，球員或其穿戴物移動了比賽球檯。

（1.6）若球在比賽狀態時，球員的非執拍手觸及比賽檯面。

（1.7）若球在比賽狀態時，球員或其穿戴物觸及球網裝置。

（1.8）雙打時，若球員雖然依先後順序進行擊球，但擊球順序錯誤。

5.2 輪椅競賽規則修改

1. 所有運動員將在輪椅上進行比賽。

（1）可使用任何大小或材質（任何泡棉）的座墊。

（2）輪椅不需有背部支撐。

2. 球檯不得有任何阻擋，避免以任何形式妨礙運動員的輪椅正常、合法移動。

3. 發球時，接發球員需合法回擊。然而，若接發球員在球越過邊線前，或球在其檯區第二次彈跳前擊球，該發球應視為合法，而不判重發球。

（1）發球時，輪椅運動員不需以非執拍手手掌將球向上拋起，此類別的運動員可以手持球，以任何方式將球向上拋起。但不論以何種方式拋球，都不得使球旋轉。發球員仍有合法發球之責任，並由裁判檢驗發球的合法性。

4. 輪椅運動員可於比賽中使用其非執拍手碰觸比賽檯面，而不被判失分；但輪椅運動員不得於擊球時使用非執拍手於球檯進行支撐，而不移動比賽檯面。

5. 比賽中，運動員的腳或輪椅腳踏板不得觸及地面。

6. 運動員在比賽中不得明顯地離開座墊。

7. 雙打發球時，球可由接發球員右半區的邊線出桌。發球員應先合法發球，再由接發球員合法回擊，此後雙打組合的任一運動員均可回擊。運動員輪椅不得逾越球檯中心線的延伸線。如有逾越，裁判應判對手得 1 分。

5.3 個人技術賽

1. 以手拍球

（1）運動員於 30 秒內以單手或雙手向上拍擊球。運動員可用手接球或拍擊，每次球碰觸手即可得 1 分。若球失控落地，應交付另一顆球給運動員繼續比賽。

2. **球拍擊球**

　　（1）運動員於 30 秒內用球拍將球向上彈擊，每擊中 1 次得 1 分。若球失控落地，應交付另一顆球給運動員繼續比賽。

3. **正手擊球**

　　（1）運動員於球檯的一方，而另一運動員（餵球者）則於球檯的另一方，共有 5 次機會，餵球者將球擲向運動員的正手位置。運動員將球擊回餵球者的檯區，即得 1 分。球必須擊中球檯才算得分。球若成功擊中任一發球區，可得 5 分。

4. **反手擊球**

　　（1）與正手擊球相同，惟餵球者應將球擲向運動員的反手位置。

5. **發球**

　　（1）運動員須從球檯的左方及右方各發 5 球，球落於正確的發球區即可得 1 分。

6. **最終得分**

　　（1）運動員的最終得分為個人技術賽五項項目的得分加總。

5.4　融合運動雙打與混合雙打

1. 雙人融合運動隊伍須由 1 名運動員與 1 名融合夥伴組成。
2. 各隊應自行決定發球順序。

5.5　目標發球

1. 運動員須從球檯的左方及右方各發 5 球，球落於正確的發球區即可得 1 分。

5.6　球拍擊球

1. 運動員於 30 秒限時內用球拍將球向上彈擊。
2. 若球失控落地，大會可交付另一顆球給運動員繼續比賽。
3. 每名運動員有 2 次 30 秒的機會，並採計 2 次機會中成績較高者。

5.7 回擊

1. 運動員於球檯的一方,而大會工作人員(餵球者)則於球檯的另一
   方。

2. 餵球者將球擲向運動員的正手位置。

3. 若運動員成功將球擊回餵球者的檯區,即得 1 分。球必須擊中球檯
   才算得分。若球擊中球網後落回運動員的檯區,則不算得分。

4. 球若成功擊回任一發球區,可得 5 分。在此情況下,將球擊中餵球
   者檯區的 1 分則不予採計。

5. 運動員將有 5 次將球擊回的機會。

6. 最高得分為 25 分。

特殊奧運桌球教練指南

規劃桌球訓練以及賽季

目錄

■ 桌球教練指南

致謝

特殊奧運誠摯感謝安納伯格信託基金會贊助，承包製作以及提供資源此項指南，支持我們教練卓越的全球目標。

The
ANNENBERG FOUNDATION
Advancing the public well-being through improved communication

特殊奧運會還要向為《桌球教練指南》編寫提供協助的專業人士、志工、教練以及運動員們致上謝意。

Lua Bee Yueh

Ela Madejska

Videos featuring athletes from Special Olympics Macau

Paul Whichard

Aldis Berzins

Eddyline Media LLC

Ryan Pratzel, Creative Liquid Productions

他們協助完成了特殊奧運會的使命：為八歲以上的智能障礙人士提供各類奧運運動全年的訓練以及賽事，使他們有持續發展身體健康，展示膽量，體驗樂趣的機會，並與家人，其他特殊奧運運動員和社群分享天賦，才能以及友誼。

　　特殊奧運會歡迎您為日後修訂此份指南提出想法和意見。如因任何因素未提及致謝，我們誠摯地向您致歉。

目標

可實現卻具有挑戰性的目標對每位運動員的動力相當重要。針對訓練以及競賽計畫建立目標以及推動培訓。

建立目標

運動員以及教練共同設定目標並且將其實行於訓練以及競賽計畫。在訓練期間達成近似於比賽環境的目標有助運動員加強自信心。自信心能增強運動參與的趣味性並對於運動員的動力至關重要。

設定目標的主要指標包含：

- 成功的墊腳石
- 短期以及長期目標
- 運動員接受度
- 難度變化（輕鬆實現目標衡量）
- 目標衡量

相較於實現長期目標，短期目標更有助於增強運動員的動力。但不要畏於挑戰運動員們，並讓他們參與目標設定的過程。設定目標時，運動員參與的原因十分重要，例如詢問運動員：「對你來說，訓練課程的重點是什麼？」

有幾種參與因素有可能會影響運動員的動機以及目標設定：

- 適當年齡
- 能力級別
- 準備程度
- 運動員表現
- 家庭影響
- 同儕影響
- 運動員偏好

身為一位教練你可以透過下列方式增強運動員動機：

- 當運動員學習技巧時遭遇困難時，花更多時間以及注意力在他／她身上
- 對小小的進步提出獎勵
- 發展出輸贏之外檢視成果的方式
- 讓你的運動員感覺到他們對你的重要性，並以他們為榮
- 使運動員充分感受到自我價值

表現目標對照成果目標

有效目標的重點在於運動員的表現而非結果。運動員可以盡力達到表現。一位運動員可能因為其他運動員的表現更為優秀，有出色的表現卻無法贏得獎項。相反的，一位運動員可能表現得差強人意，卻因為其他參賽者在水準之下而贏得獎項。

設定可達成的目標

有效的目標應該被視為挑戰而非嚇阻的作用。一個具有挑戰性的目標雖然困難，卻可以在合理的時間以及努力的範疇下達成。當目標超出運動員的能力範圍時，它就對運動員成為一個威脅。可達成的目標是根據過去一到兩週的表現來決定的。

優先目標

有效的目標明確並有數量限制，這才會對運動員具有意義。運動員以及教練必須明白持續發展的重點，來設定一個數量有限的目標。設定少數卻經過深思熟慮的目標能排除運動員無所適從的可能性。

目標設定益處

- 增強運動員身體健康
- 教導自律
- 教授運動員其他活動必須的運動技能

- 提供運動員自我表達以及社交的途徑
- 培養動機以及專注力

桌球短期目標

建立一系列短期桌球目標能幫助運動員增強自信心以及達成長期桌球目標。幾個桌球短期目標例子包括：

- 了解桌球術語以及計分標準
- 明白桌球規則
- 學習手眼協調
- 學習基礎握拍技巧
- 學習發球

桌球長期目標

長期目標包含掌握基本桌球技巧，適當社交禮儀以及參與完整桌球比賽必須的實用知識。除了這些目標外，以下列出額外的桌球長期目標：

- 增強體魄
- 增強運動神經協調與總體效能
- 增進決策能力
- 掌握有效的握拍方式（正反手）
- 學習擊球時間點
- 掌握發球技巧
- 掌握適當腳步移位與動作

目標評估表單

V 目標是否有效配合運動員的需求？

V 目標是否明確？

V 目標是否符合運動員表現？

V 目標是否為真正的目標而非結果？

V 目標是否足夠重要，使運動員願意努力實現？

V 這項目標如何改變運動員的生活？

V 運動員在實現目標的過程中可能會遇到什麼瓶頸？

規劃桌球訓練與賽事

在賽季開始前，應規劃縝密的訓練計畫以準備比賽的運動員。著手進行計畫時，不要忘記特殊奧運的教練不僅指導運動員桌球技巧，也提供讓他們社交與享受的環境。

在指導一個桌球培訓課程時有許多技巧。桌球是一項情況多變的運動。球體會不斷連動，因此運動員必須學習適應不停變化的球速與方向。整個賽季的訓練能幫助你以系統並有效的方式展現技巧。

八週的賽前準備應該隨著運動運成長而互相借鑑，增加時間與強度。為了使運動員習慣於成功的結果，請循序漸進。確保每位運動員在前往下一個階段之前，已經嘗到成就的滋味。

有8個基礎特殊奧運桌球的技巧：
- 手眼協調
- 握拍
- 擊球時間點
- 正拍
- 反拍
- 發球
- 接住發球
- 良好的腳步移動與姿勢

對每個運動員現階段技巧的評估是規劃賽季的第一步。接下來，初階的訓練應該包含運動員需要努力的基本技巧，然後儘快使運動員接受參賽訓練。身為一位教練，你可以評估運動員需要在哪一項技巧下功夫，並在初期就特別投入時間訓練。

培訓課程

　　特殊奧運的運動員對於簡易而且有調理，能使他們熟悉的訓練程序反應良好。理想的培訓課程應該在 40-65 分鐘，使運動員的年齡與能力而定。所有的練習都應該包括以下的五點：

□ 暖身
□ 技巧指導
□ 練習特定技巧（比賽經驗）
□ 體能訓練
□ 緩和運動及回饋

練習時間表範例

　　擁有針對個人設計的訓練時程對於運動員至關重要，得以幫助他們
達到最佳結果。以下為基本桌球練習時間表：

暖身與伸展 （10-15 分鐘）	• 伸展之前，讓運動員繞著運動場慢跑來促進等會伸展的肌肉血液循環 • 運動員應該要伸展每一個主要肌肉群 • 讓一位運動員帶領伸展運動，使身為教練的你能夠協助個別學員 • 透過運動員進行的訓練強調基本技巧（例如握拍）
技巧指導 (10-15 分鐘)	• 介紹新技能 • 示範正確技巧 • 分成小組與一位教練練習新技巧 • 介紹練習新技能的技巧
競賽體驗 (10-20 分鐘)	• 融合新技巧到競賽之中（例如：計分看誰能接到最多過網反手拍） • 強調新介紹的技巧到比賽／得分情境 • 規劃練習對打
體能練習 （5-10 分鐘）	• 進行桌球特定敏捷性訓練 • 做一般強調腳法與動作的練習
緩和運動 （5 分鐘）	• 進行慢走／慢跑／伸展 • 在運動員緩和下來的同時，給予意見 • 用隊呼宣布結束訓練

桌球訓練課程的必要元素

　　每一個訓練課程需要包含相同的必要元素。訓練課程的目標，以及特定課程可用時間決定了花在每一個要素上的時間。

　　請記得規劃訓練課程時，課程進度應該考慮到循序漸進的體能增強，包括下列要素：

- 由簡單到複雜
- 由慢到快
- 由已知到未知
- 由一般到特定
- 由開始到結束（符合邏輯的進程）

一般教學建議

- 帶過每一個技巧的基礎元素
- 提供清楚以及視覺性正確運用每一個技巧的示範
- 越簡單越好！運用提詞還有關鍵字來簡化新的技巧
- 注意一些能力中級或是較低運動員常犯的錯誤
- 記得訓練特殊奧運運動員時重複還有強調的重要性

　　教練應該鼓勵運動員控制以間專注於一致的重複練習而非追求速度。如果一位運動員失去對球的控制，那重新開始並強化重複性。對於遇到困難的運動員，運用氣球或是泡泡球練習會更適合。這些物體會減慢球速並讓運動員在練習新技巧的時候體會到成功的感覺。

有效的訓練課程要訣

使所有運動員保持積極	運動員需要積極地傾聽
創造清晰簡潔的目標	當運動員明瞭對他們的期待時，學習就會改善
給予簡單清楚的指示	示範－使指示更加詳盡
紀錄進程	你和運動員一同進步
給予正向的回饋	強調並且獎勵運動員表現良好的部分
提供變化	增加變化性，避免無趣的練習
鼓勵享受其中	訓練與比賽充滿樂趣，讓你跟學員保持這種氣氛
創造進步	當訊息從這幾種方式發展時，學習會增加： • 已知到未知：探索新事物 • 簡單到複雜：發現「我」可以做到 • 一般到特定：這就是我這麼努力的原因
規劃資源最大化的使用	運用手邊的資源以及運用創意創造你沒有的器材
接受個別差異	不同的運動員，學習速度相異，能力差異

執行有效的訓練課程準則

1. 擁有幾位助理教練可以讓總教練在他們之間分配責任與權限，根據訓練計畫分配角色與責任給助理教練。

2. 當可能的時候，在運動員抵達前準備好所有球具與球桌。

3. 讓教練們與運動員們互相認識了解。

4. 與所有人一同檢討訓練活動，告知運動員時程或是活動的變化。

5. 根據運動員的需求修改計畫

6. 在運動員厭倦並失去興趣之前變化活動

7. 保持訓練與活動簡易以防止運動員感到無聊。就算是休息時間也使每個人手邊有事做。

8. 用有趣並有挑戰性的團體活動結束練習，使運動員期待練習的尾聲。

9. 如果有活動反應良好，在運動員興趣高漲時停下活動通常有用。

10. 總結訓練並且宣佈下一次課程的計畫。

11. 保持**樂趣**

執行安全訓練課程準則

　　教練有責任確保運動員明白，了解與重視桌球的風險，運動員的安全與福祉是教練們的首要考量。桌球並非是危險的運動，但是當教練忘記採取安全防護措施時，確實會發生事故。提供安全的條件以將受傷的機率降到最低，是總教練的責任。

一般安全實施

1. 在一開始建立清楚的行為規範並強調它們
   - 請勿動手
   - 聽教練的話
   - 聽到哨音請停下，觀看並聆聽
   - 離開訓練場地前取得教練的同意
2. 確保運動員在每次訓練帶水
3. 檢查你的急救箱，必要時補充庫存
4. 對所有教練與運動員做急救培訓
5. 選擇安全而且沒有誘因的場地
6. 檢查你的急救箱，並確保訓練場地附近有一位受過急救或是 CPR 訓練人員。
7. 在初期建立清楚的行為規範。
8. 在每次訓練確實做足暖身與伸展活動以避免肌肉拉傷。
9. 培訓運動員提升總體健康程度，身強體健的桌球運動員較不易受傷，讓你的培訓課程充滿動能。
10. 確保所有球具狀態良好
11. 時時刻刻讓運動員在你身前，指導的時候請與他們面對面。

練習前安全清單

> ˅ 球桌是否妥善組裝並就定位？
>
> ˅ 練習區是否有任何廢棄物或是雜物？
>
> ˅ 附近是否有急救箱？
>
> ˅ 教練是否有家長／監護人的聯絡電話以及急救號碼？

練習後安全清單

> ˅ 等待中的人與運動中的球員保持適當距離？
>
> ˅ 等待的人是否也保持專注？
>
> ˅ 運動員是否就定練習的位置？
>
> ˅ 球是否從打擊區域清除並定期回收？

桌球訓練賽

比賽使我們熟能生巧。特殊奧運桌球協會策略的一部分便是在地方加強推動運動發展。比賽能激勵運動員、教練與整個運動管理團隊。在你的行程之中加入越多運動賽事機會越好。建議如下：

1. 舉辦一個地區或地方性的特殊奧運桌球錦標賽
2. 與其他地區的特殊奧運桌球協會共同主辦或參與練習課程
3. 詢問附近的桌球隊你的運動員能否加入他們的練習
4. 在每次培訓課程結束時納入比賽內容
5. 透過讓你的運動員參與地方錦標或部門的高階比賽來鼓勵他們發展

桌球訓練

　　有一大群運動員程度全都一樣是不太可能的事情，提升個別的實力與依此調整計劃相當重要。透過與總教練帶領不同能力的組別，助理教練能成為不可或缺的助力。

　　下列為 8 週針對初階與中階運動員訓練計畫建議的主題，這些建議僅供參考。請發揮你的創意並設計一項符合你的運動員的計畫。如果時間允許，花 2 堂訓練課程在每一個主題上。

　　對於進階運動員來說，可以花 2 堂訓練課程來複習基本擊球。訓練重點可以放在加強基本擊球與進階技巧。著重在發球與反擊對這些球員十分重要，因為在訓練的較早期，他們就會進入比賽狀況了。隨著你的運動員進步，在他們的比賽中加入策略。

初學者訓練主題	
第一課	球具一般介紹，正確握拍方式以及基礎打擊
第二課	球與球拍掌握演練－介紹正拍（或正手拍）並利用拋球回合或餵球方式練習
第三課	繼續球及握拍演練－介紹反拍（或是反手拍）擊球－利用拋球以及正拍反拍回合練習
第四課	介紹正手與反手切球打擊，由拋球或教練打擊練習 - 透過示範與演練介紹正確腳步。
第五課	強調正確腳步包含打擊與移動，餵球演練與回合比賽
第六課	介紹基本正手反手發球與回擊
第七課	教授比賽規則與賽事準備
第八課	比賽對打
中階運動員訓練主題	
第一課	複習所有打擊方式
第二課	強調正確腳步動作包括打擊與移動，餵球演練與回合比賽
第三課	發球與回擊技巧
第四課	介紹進階技巧（正手／反手推擋，正手／反手加轉弧圈以及正手／反手切球－教授回擊高球正確技巧
第五課	強調擊球技巧與賽事準備
第六課	單打策略，練習演練與分數（可能介紹雙打與練習）
第七課	複習與練習
第八課	與實力相當的特殊奧運或非特殊奧運隊友對打比賽

年齡分組

特殊奧運桌球比賽應通常使用下列年齡分組方式：

- 8-11 歲
- 12-15 歲
- 16-21 歲
- 22-29 歲
- 30 歲及以上

下列情況可能會以年齡混合方式分組：

- 如有需要減低同年齡組內的實力差距
- 同年齡組內少於 3 位球員（此項情況運動員應到下一年齡組比賽，而此組將會適當重新命名）

能力分組

如同其他特殊奧運賽事，桌球運動員應該依照能力分級比賽。不論男女以及年齡，應該以預賽分數以及出賽分組將運動排序。

運動能力評估表

運動能力評估表為一項有系統地分析球員能力的方式，此表是為了在比參賽前，幫助教練了解運動員能力。此表對於教練的用處如下：

1. 幫助教練決定球員應參與哪些比賽
2. 劃分球員訓練的基本界線
3. 幫助教練在訓練時能力分組
4. 衡量運動員的進步
5. 幫助教練規劃球員的訓練日程

在使用此項幫助前，教練應做到以下事項：

- 清楚了解表上所列的主要技能
- 對於每項挑戰有清楚的了解
- 觀察一位熟練技巧人士演練技巧

當使用此項幫助，教練得以更精準地分析球員。從解釋你所需要衡量的技巧開始，有可能時做出示範。

特殊奧運運動能力評估

運動員姓名		日期	
教練姓名		日期	

指示

1. 請運動員演示技巧數次
2. 如運動員在 5 次中正確執行技巧達 3 次，在技巧旁方框內打勾以示運動員精通此項技能。

正手拉球

☐ 預備姿勢

☐ 引拍

☐ 擊球動作

☐ 擊出後姿勢

反手拉球

☐ 預備姿勢

☐ 引拍

☐ 擊球動作

☐ 擊出後姿勢

基本發球

☐ 上旋球與下旋球

☐ 預備姿勢

☐ 拋球

☐ 引拍

☐ 擊球動作

☐ 擊出後姿勢

正手切球

- ☐ 預備姿勢
- ☐ 引拍
- ☐ 擊球動作
- ☐ 擊出後姿勢

反手切球

- ☐ 預備姿勢
- ☐ 引拍
- ☐ 擊球動作
- ☐ 擊出後姿勢

正手上旋球

- ☐ 預備姿勢
- ☐ 引拍
- ☐ 擊球動作
- ☐ 擊出後姿勢

反手上旋球

- ☐ 預備姿勢
- ☐ 引拍
- ☐ 擊球動作
- ☐ 擊出後姿勢

殺球

- ☐ 預備姿勢
- ☐ 引拍
- ☐ 擊球動作
- ☐ 擊出後姿勢

上旋球封球

☐ 正手拍
☐ 反手拍

腳步

☐ 跳躍步伐
☐ 單步
☐ 側併步
☐ 交叉步

日常表現紀錄

日常表現紀錄是為了使教練詳細記錄運動員學習新運動技巧時的表現而設計。有幾項教練使用日常表現紀錄的益處:

1. 永久地紀錄下運動員的進程
2. 幫助教練在運動員的訓練計畫建立可測量的一慣性
3. 使教練能將技巧轉變為更詳盡與細微的課題,而滿足個別運動員的需要,從而在實際教學與輔導過程中保持彈性。
4. 幫助教練選擇適當的技巧,教學方式與正確的條件,並且學習評斷運動員技巧表現的標準。

使用日常表現紀錄

教練在記錄上方填入教練姓名,運動員姓名以及運動項目。如有不同教練與這位運動員共同練習,教練們應該在名字後方填上與其合作的日期。

在訓練課程開始前,教練根據運動員的年齡、興趣以及他╱她的身心狀況決定要操作哪些技巧,而這項技巧必須是對於運動員必須演練的

特定動作所做的說明以及描述。教練將這項技巧填入左側的第一行，在運動員熟練一項技巧後，填入後續技巧。當然，紀錄所有技巧可能會用到多張紀錄表。還有，如果運動員無法完成教練敘述的技巧，教練可以將這項技巧拆成不同部分，好讓運動員較容易完成。

技巧掌握的條件與規範

在教練填入技巧描述後，教練必須決定在什麼條件與情況下運動員必須精通此項技巧。條件指的是特定的情況，定義了運動員得以哪種方式演示技巧。譬如說「示範給運動員看，並從旁協助」教練必須隨時假定「在毫無助力的情況下跟從命令」是運動員掌握一項技巧的終極條件。因此，在表現紀錄中的技巧欄位旁不必要填入這些條件。理想上來說，教練需要安排技巧與條件，使得運動運能逐步學會在沒有協助的情況下，按照命令完成動作。

規範是判斷熟練執行技能程度的標準，教練必須根據現實狀況，運動員的身心狀態來決定規範。例如說，一位沒有智能障礙的運動員必須在九成「按照指示並毫無幫助」的情境下完成動作，才能被視為掌握此項技巧。然而，對於一位特殊奧運的運動員來說，教練需要按現實情況中運動員的能力來決定標準，譬如說「較大的靶，並達至6成即可。」有鑒於技能的多樣性，規範可能包含許多不同的標準，像是時間長度、重複次數、精準度、距離或是速度。

課程日期與教學程度的運用

教練可能會在一項技巧任務上花上幾天的功夫，而且在這段期間，可能用不同的教學方法來使運動員在沒有協助的情況下，按照命令完成動作。為了替運動員建立一致的課表，教練必須記錄下花在某項課題的日期，而且得填入在這幾天用到的教學方法。

日常表現紀錄

活動：＿＿＿＿＿＿＿＿＿＿＿　運動員姓名：＿＿＿＿＿＿＿＿＿＿＿

技巧：＿＿＿＿＿＿＿＿＿＿＿　教練姓名：＿＿＿＿＿＿＿＿＿＿＿

技巧分析	條件與規範	日期與教學方法	掌握技巧日期

桌球運動服

　　所有的參賽者都必須著適當的桌球運動服。身為一位教練，討論對於訓練以及比適不適合的運動服。討論穿著適當合身服裝的重要性，以及在訓練與比賽中穿著特定服裝的優缺點。譬如說，長短牛仔褲對任何桌球場合都是不適合的。說明穿著牛仔服飾會因為限制動作而無法達到最佳表現。帶運動員到地方性桌球賽事，並指出參賽者的球服。你甚至可以示範穿著適當桌球服到訓練與比賽，並不獎賞那些沒有穿合適服裝到培訓與賽事的運動員。

上衣

　　對於練習與訓練，圓領上衣是最舒適與實用的上衣。在賽事中，參賽者必須穿著深色上衣，好讓桌球的顏色在必賽中更為突出。傳統上來說，桌球選手穿著有領上衣並紮進褲頭。

VIDEO COMING SOON

短褲

　　在練習場合，運動員應該穿上健身短褲或是傳統的「網球式」短褲，如果短褲有口袋的話會更完美。比賽之中，建議穿著深色的「網球式」短褲。在有比賽時穿上特別的服裝會激起運動員的興奮感。

VIDEO COMING SOON

鞋襪

　　運動員應該穿上傳統式可以支撐腳踝、足弓與腳跟的船型鞋或是桌球鞋。跑鞋對打桌球來說不適合，因為他們的設計是為了足跟到腳指頭的活動，桌球鞋必需要能夠支撐足側 (腳外側) 的運

VIDEO COMING SOON

動。跑鞋或是破舊的鞋子會增加受傷的機率，像是扭傷腳踝。襪子就應該要用吸濕材質製成，以預防水泡。

桌球用具

桌球運動需要用到下列的運動用具：

桌球拍

有數以百計的桌球拍型號可以使用。最主要的區別可以從木頭的材質以及覆蓋打擊表面的橡膠材質看出。在經驗豐富的球員或是教練的幫助下，運動員應該尋找適合他們以及球風的球拍。

桌球

大量的桌球對於有效的練習相當重要。理想來說，每一個球桌需要一個自己的置球架。標準桌球對於練習來說已經足夠，但是建議在錦標賽中使用較高品質的桌球。國際桌球協會批准了幾個在賽事中使用的桌球品牌，他們上面標有三個星星以示高品質。運動員應該學會在練習以及培訓結束收球來學會保護球具。

標靶

標靶是讓運動員在打擊時可以瞄準的物品，例如鐵環、圈狀物或是球籃。

桌球場

　　如今，由於球體的速度與旋轉強度，高素質的比賽相較幾年前需要更大的場地。國家與國際級比賽的競技場通常是 7 乘 14 公尺。高級的球員會用到整個空間，初學者則不需要。

VIDEO
COMING
SOON

特殊奧運桌球教練指南

桌球技巧教學

目錄

暖身

　　桌球是一項需要所有核心肌群的全身性運動，開始打桌球之前充足的暖身相當重要。

　　暖身運動是所有為桌球賽事進行的訓練與準備的第一部分，暖身由緩和而逐漸動用到所有肌肉與身體部位。除了心理建設外，暖身也對運動員的心理有益處。

　　暖身的重要性在於不致於使運動過度緊繃。暖身可以提高身體溫度，以及為稍等伸展與運動會用到的肌、神經系統、肌腱、韌帶與心血管系統做準備。

暖身：

- 提高身體溫度
- 提升新陳代謝率
- 提高心跳與呼吸速率
- 為運動準備肌肉與神經系統

　　暖身是專為活動量身定制。暖身包括了為了提高心跳、呼吸與新陳代謝速率的動態動作到猛烈運動。一套完整的暖身在 15-25 分鐘之間（視培訓或比賽時間長而定）並馬上銜接訓練與比賽，一組暖身會包含下列基礎的順序組合。

動作	目的	時間
有氧漫步／快走／慢跑	增加肌肉溫度	1-2 分鐘
動態伸展（特定不包括球拍與球的動作）	提升動作範圍	5-10 分鐘
特定演練（球桌邊練習）	為訓練／比賽協調準備	10 分鐘

有氧暖身

像是走路／輕慢跑／走動同時手臂旋轉、開合跳的動作。

走路

走路是運動員鍛鍊行程的第一個運動。透過漫步 1-2 分鐘，運動員開始加熱肌肉溫度。這會促使肌肉血液循環，因而使下一步的伸展更有彈性。這項暖身唯一的目標便是為了更大強度的活動，而促進血液循環並使肌肉溫度升高。

跑步

跑步是運動員的下一個運動。透過慢跑 3-5 分鐘，運動員的肌肉溫度開始升高。這會促使肌肉血液循環，使得待會的伸展更有彈性。從慢跑開始，然後逐漸加速；然而，運動員絕不會在跑步結束時超過最大力量值。請記住，這項暖身唯一的目標便是為了更強度的活動，而促進血液循環並使肌肉溫度升高。

動態伸展

伸展是暖身以及運動員表現最重要的一環之一，更強壯與更健康肌肉的特徵是具有彈性。學習進度從低階，中低階到中級，最終到高級，請鼓勵每位運動員達到他們極限的階級；可以將演練與暖身結合而成為特定技巧發展。

特定演練

演練是為了運動技巧教學而設計的，演練著重於下一步活動的動作以及模擬這些活動。學習進度從低階、中低階到中級，最終到高級，請鼓勵每位運動員達到他們極限的階級；可以將演練與暖身結合而成為特定技巧發展。

透過重複小片段的動作來傳授以及強化技巧。很多時候，為了強化

技巧用到的肌肉群，這些動作被放大。每一個培訓課程應該帶領運動員進行每一個階級的動作，好讓他們練習完活動所需的技巧。

特定暖身運動

1. 正手拍甩動球拍

2. 反手拍甩動球拍

3. 模擬發球

動態伸展

　　靈活度對於運動員在訓練與比賽時的最佳表現有著舉足輕重的影響，靈活度可以透過伸展達成。在訓練與比賽的情況下，簡單的有氧慢跑後接著進行伸展。

　　透過練習有關特定運動或鍛鍊姿勢，動態伸展可以提高身體溫度。一系列的動態肌肉使得運動員可以鍛鍊肌肉，而非維持同一姿勢。動態伸展對於運動員的表現，以及為接下來的活動做好生理預備相當重要。動態伸展也可以幫助完成如下：

- 增加強度
- 促進靈活度
- 增廣運動員的動作

　　動態伸展與彈震伸展有所區別（用彈跳將伸展最大化），彈震伸展可能具有危險性並可能造成過度拉伸肌肉，進而產生肌肉拉傷。動態伸展則利用控制下的腿部與手臂運動溫和的拉伸，這並不會讓肌肉過度拉扯。

　　有些例如唐氏症的運動員們，可能有低張力情況，使他們看似柔軟度較好。請注意不要讓這些運動員在超過正常以及安全範圍下拉扯肌肉。

　　動態伸展應該作為在練習／訓練課程或是比賽前暖身的一部分，伸展時須完成的動作則視當天鍛鍊計畫而訂。

　　桌球動態伸展的包含如下：

腿部擺動（往前及往後）

　　扶著固定的物體，並以舒服的高度前後擺動腿部。軀幹與下背成直立。重複擺動腿部 10 次，並換邊進行。

VIDEO COMING SOON

腿部進行（左右擺動）

扶著固定的物體，一條腿保持平衡，並以腳趾朝上的姿勢輕輕地擺離身體。將腿部擺動超過身體，同時腳趾指向腿部擺動的方向。重複動作 10 次，並換腿重複 10 次。

VIDEO COMING SOON

跨欄步伐

手扶固定物體並且成直角站立。舉起一邊膝蓋並模擬重心不在這一側膝蓋，或是從另一邊出力的情況下輕輕放下膝蓋。再舉起膝蓋一次並回到原本站姿，儘量減少任何軀幹運動。重複 10 次，並換腳做另外 10 次。

VIDEO COMING SOON

下小腿上提

從伏地挺身並且雙腳併攏開始，以手與腳支撐體重，緩慢地以腳跟向下，使得身體重心放在足弓上並回到原本姿勢。雙腳交替各做 10 次。

VIDEO COMING SOON

上半身旋轉

彎曲腰與臀部，使得背部呈現自然內曲線（你可能需要稍微彎膝蓋）。一腿彎曲並扭轉軀幹，並且伸長手臂觸摸另一腳腳趾，身體盡可能下彎。回復至原先姿勢並換邊各做 10 次。

VIDEO COMING SOON

手臂繞圈

　　背部挺直成站姿，膝蓋微彎。輕輕地以小幅度往前揮動雙臂，並慢慢增加幅度。完成 10 次往前揮動後，換像後繞圈 10 次。如有緊繃的情形，增加時間訓練該部位使其放鬆。

VIDEO COMING SOON

動態伸展快速參考指南

放鬆地開始
請不要在運動員放輕鬆並且肌肉溫度上升前開始

保持系統化
從身體上半部開始並往下

從總體到特定部位
從大範圍開始並逐漸伸展特定部位

善用變化
使其充滿樂趣，透過不同動作來鍛鍊同一區肌肉

自然地呼吸
千萬不要憋氣，保持平靜與放鬆

接受個體性差異
運動員開始與進步速度不盡相同

緩和運動

　　雖然緩和運動與暖身同樣重要，卻經常被忽視。輕率地結束活動可能會造成血液沉積，以及減緩運動員的身體代謝廢物。忽略緩和運動也可能對特殊奧運選手造成扭傷、酸痛與其他問題。緩和運動逐漸地降低身體溫度以及心跳速率，並且在下次的訓練或是賽事前加速復原；緩和運動也是教練與運動員運動討論培訓及競賽的好時機。請記住緩和運動也是伸展的機會，趁著肌肉維持熱度以及對於伸展運動敏銳。

活動	目的	時間（至少）
緩慢的有氧慢跑與漫步	降低身體溫度與逐漸使心跳速率下降	2-3 分鐘
被動伸展（如下所示）	在訓練時緊繃的肌肉需要被放鬆	5-10 分鐘

被動伸展－桌球球員的柔軟度運動

建議被動伸展加入緩和運動的一部分，用以增進或是維持靈活度與肌肉柔軟度。

下列為應用到伸展的準則：

- 伸展時避免延展
- 固定點對有效的伸展為必要
- 請不要伸展單段肌肉
- 成功伸展拮抗肌群
- 回復姿勢必須與伸展動作時間等長（6-7 秒）

下列為應用到被動伸展的 3 個 6 準則：

- 拉緊肌肉鏈 6 秒鐘
- 保持回覆姿勢 6 秒鐘
- 維持伸展動作 6 秒鐘

這項拉緊放鬆的伸展方法能利用誘發本體感受，增進肌肉神經功能（擴大動作範圍）。

被動伸展的例子包括頸部、三頭肌、二頭肌、肩膀、前臂、手腕、胸部、臀部與小腿肚伸展。

桌球技巧教學

手眼協調

　　手眼協調是打擊桌球的根本，這可以幫助球員保持正確的握拍姿勢、控制手臂揮拍速度與打擊方向。沒有發展此項技巧的話，球員會心生沮喪並且無法接到球。這是培養桌球技巧一項相當重要的概念。

技巧教學

- 使用球體而無球拍練習。
- 鼓勵運動員盯著球。
- 激勵當接觸球時運動員維持頭部穩定。

VIDEO COMING SOON　　VIDEO COMING SOON　　VIDEO COMING SOON

手眼協調演示

手部彈跳演練

- 輕輕地用執拍手掌使桌球在桌面彈跳。
- 嘗試讓球在控制之下保持彈跳。
- 在 15-30 秒內展示用手彈球最大次數。

手球演練

- 使球落在桌面。使用正手拍，用持拍手擊球。
- 幾次重複後，與一位夥伴輕輕地拋球並用正手拍擊球。

VIDEO COMING SOON　　VIDEO COMING SOON

杯具接球

- 在持拍手拿一個大杯子，並試著用杯子接住拋過來的球。
- 計算成功接住的數量。

VIDEO COMING SOON

常見手眼協調錯誤

錯誤	正確	演練／測試參考
錯誤身體姿勢	演練正確的桌球預備姿勢	模擬桌球預備姿勢信號
僅以手部作反應	應先以腳步反應，預備姿勢不可或缺	一般腳步運動、單步以及測步
漏接球	移動緩慢一些	在桌上彈桌球（44 公厘）
擊球過近或是過遠	控制往前、往上、往下的擊球力量	用球打擊不同目標（籃子、杯子、荷葉等等）

技巧進程：手眼協調

您的運動員能否做到：	從未	偶爾	經常
釐清球拍以及球之間的空間關係	☐	☐	☐
了解球拍與來球距離關係以及有效地觸球	☐	☐	☐
總結			

握拍

正確的掌控球拍方式是學習打擊桌球不可或缺的元素，而控制球拍的第一步便是握拍。總共有兩種基礎握拍法，橫式握拍以及直式握拍法。橫式握拍為最受歡迎的一種，並最常推薦給初學者。應該向運動員介紹此兩種握拍法，並使其能選擇最舒服的方式握拍。

技巧教學

橫式握拍法

- 將球拍握把的頂端握於食指與大拇指之間，這形成了最基本的握拍法；將剩下的三個手指舒適的握著球拍把。

  VIDEO COMING SOON

- 當使用正手拍時，你的前指（食指）應該要可以感受到球。至於反手拍，大拇指則會感受最深。
- 當替換正反手拍時，握法會有細微的變化。
- 利用此項握拍法來練習打擊與演練，可以增加掌握球拍的能力。

直式握拍法

- 用食指與中指握著球拍握把，如同握筆的方式。中指側向放在球拍背面，另外兩隻手指頭置於中指上方。
- 放鬆手腕以增進活動範圍
- 直式握拍法與橫式握拍法相當接近，直式卻被認為稍稍較為適當，因為它較能使運動員的手腕保有更多活動範圍；而增加出來的手腕運動則可以轉化為旋轉度與速度。
- 使用直式握拍法時，正手拍主要以中指接觸球拍，而反手拍則為拇指與中指。

握拍演練

下列演練可同時用於橫式與直式握拍法：

用手掌在地上彈球

拋接球－運動員握住桌球，模仿高空拋球並且模擬將球上下丟，然後接住掉落的球。

球體地板彈跳－運動員將球往地面丟並接住，重複數次。

球體桌面彈跳－運動員將球網桌面丟並接住，重複數次。

球拍接球－運動員先將球平衡於球拍上，並用球揮拍，同時開始走路、跑步以及換方向跑步等等。記住將球保持於球拍上，避免掉落。

用球拍彈球－運動員從低度彈跳開始（約 20 公分），並逐漸增加高度；變化高低彈跳以及強度變化。運動員應該從站姿開始，並開始再用球拍彈球同時轉身、走路、慢跑等等。確保使球在拍面彈跳躍多次越好，教練可以握住他們的手來熟悉球感。

VIDEO COMING SOON	VIDEO COMING SOON

推／滾球－在地面接著桌上推動或滾動球。

球拍地板擊球－從正手拍開始，再換反手拍，接著正反手拍交替。重複數次直到運動員抓住球感。

旋轉式彈球－運動員將球垂直向上拋，在球體落下時隨著摩擦力擊球，並在球下降時體會球體狀態。接下來，以摩擦力將球垂直往上打擊，並使其停留在球拍上。這項演練能使運動員體驗旋轉球的球感。

間接以球擊牆－運動員站於離牆 2 公尺距離，並間接將球打向牆壁（球拍－牆壁－地面－球拍。）抓住球感並控制球體後，應移動至離牆 3-5 公尺並重複上述動作。從一人一球開始練習，並開始增加難度，例如兩人一組輪流演練等等。

直接以球擊牆－運動員站於離牆 2 公尺距離，並直接將球打向牆壁（球拍－牆壁－球拍）。抓住球感並控制球體後，應移動至離牆 3-5 公尺並重複上述動作。從一人一球開始練習，並開始增加難度，例如兩人一組輪流演練等等。

兩人於地板互打桌球－兩位運動員站離對方 2-3 公尺。能夠控球後，應將距離拉至 4-6 公尺並增加力道以及旋轉度。最終，兩人站近並將球垂直向上打且球不落地。逐漸增加此項練習難度。

球拍朝上彈打－運動員應持球拍於腰部高度，並用非持拍手將球往上彈至拍面。接著輕輕的以控制方式將球往空中打。應於 30 秒內完成越多次此項演練越好。

往下－運動員應持球拍於桌子高度上方，並輕輕地以球拍將球向下彈跳。應於 30 秒內完成向下演練，越多次越好。隨著球員進步，挑戰他們繞著桌子移動同時運球。

常見握拍錯誤

錯誤	正確	演練／測試參考
球員直接撲打球，而沒有以控制方式揮拍	向球體控制地揮動球拍	將球擊向距離3-4公分的目標（盒子）注意揮拍的動作以及縮短後續
握拍過度或是力道不夠	自然地握拍	球拍與球集中的情況下完成許多動作，並專注於握拍
球拍在球員手中滑動	保持握拍姿勢	球拍與球集中的情況下完成許多動作，並專注於握拍

技巧進程：握拍

您的運動員能否做到：	從未	偶爾	經常
來球時計算揮拍	☐	☐	☐
在正確擊球位置鮮少漏接	☐	☐	☐
順暢地控制擊球	☐	☐	☐
總結			

基本正反手拍擊球

基本的正反手拍是回合中擊球的基本要素，發展持續性的擊球是桌球成功的秘訣；透過練習正確的擊球技能以及增進專注力方可達成。

為了了解與演練基本的桌球擊球，球員必須習得基本球道以及觸球點。

技巧教學

旋轉為現代桌球的重點，正手拍打擊呈現細微的上旋球。當球向上旋轉並與移動位置方向相同時，上旋球就此誕生。上旋球影響球體的飛行。

當達到最高點時，上旋球會往桌面墜落，隨著桌面的摩擦力球體會往前彈跳。上旋球通常會在球拍上往上彈；為了修正這點，球員應該被指導如何球拍朝下（更接近）改變角度，並以球拍頂部觸球。

下旋球和上旋球正好相反，打下旋球時，球員必須將球拍稍微往上傾斜（打開），並以球拍底部觸球。

正手拉球

正手拉球是桌球打擊最重要的部分

- 從預備姿勢開始，上臂於身體側面且手肘呈 90 度角。
- 當對手擊球時，通過扭動腰部並放鬆手臂至低於球高後，開始後揮。
- 當重心移至後腿（離球桌最遠的腿）時，持球拍手臂應遠離球。
- 手肘保持在身側，以接近球的速度向後擺動。
- 從這項姿勢開始，開始向上打擊，不要在後擺姿勢末猶豫，擊球動作會在右眼上方額頭停下。
- 彎曲手肘，使得前臂向上移動；並且扭動腰部，好讓持拍手朝向對手，將重心往前移。
- 在球往上時觸球，打擊球的中心點。

VIDEO
COMING
SOON

- 觸球過程中，球拍應稍微往下傾斜。
- 繼續動作，直到球拍靠近額頭。

反手擊球

正確的反手拉球技巧對於桌球相當重要。如果球從身體左側靠近，就該準備反手擊球。

- 從預備位置開始，扭轉上半身使球拍遠離球體。
- 將球拍稍微往後拉，並下拉至胃部左側。
- 揮拍時，將大部分重心放在左腳（左撇子球員則放在右腳）
- 手肘保持固定，並將球拍往前與往上移動，在球的彈跳最高點以及球中心點觸球。
- 伸展手臂並且轉移重心，使之集中在雙腳上。
- 將球指向目標方向已完成此動作。
- 擊球結束時，反拍面應下傾，手肘不動。

正手切球

正手切球通常用於迎擊在正手拍側的短下旋球。對大部分的球員來說，以正手對付遠球較為容易，因此鮮少用正手切球處理靠內側的來球。

- 站近球桌，右腳往前，手掌朝上握拍並且稍微靠向對手。
- 手肘靠近身體並準備好腳部，並非上臂。如有需要，彎曲膝蓋以使上身更靠近球。
- 稍稍地扭轉，扣起手腕時放鬆地擊出，前手臂應該靠近球桌。
- 當球往上時或在彈跳最高點時擊球，擊球點應於球拍的外緣。
- 順著球往前傾，並在打擊後退回預備姿勢。

VIDEO
COMING
SOON

反手切球

反手切球是桌球最常見的打擊方式。反手切球能帶出反手旋球,通常用於控制比賽節奏。

VIDEO COMING SOON

- 雙腳與肩同寬,右腳保持相較左腳離桌面較遠(左撇子球員則相反)。在球拍角度放寬的情況下,身體扭轉至胸前點。
- 僅利用前臂將球拍前移,應於球往上或在彈跳最高點時擊球。
- 擊球點應於球拍正中央下緣,並順暢地擊出。
- 必須於來球的同時,根據球的旋轉度來調整打擊方式。如果是強勁的下旋球,應該張開球拍角度,並迅速地擊出。

正手反手切球初階演練

以手彈球

1. 輕輕地以持拍手手掌往桌面彈球。
2. 以控制的力道嘗試讓球持續彈跳。
3. 在 15-30 秒內彈越多次越好。

VIDEO COMING SOON

以手餵球

1. 將球往桌面下丟。
2. 利用球拍或是慣用手以正手拍形式打擊。
3. 重複數次後,請一位夥伴輕輕地丟球並以正手拍擊球。

杯子接球

1. 以球拍持一個大杯子並且試著接住來球。

2. 計算連續接球數量。

球拍彈球

1. 正手握拍並離桌面約 30 公分。

2. 輕輕地將球下彈。

3. 30 秒內嘗試下彈越多次越好。

4. 當球員進步時,挑戰他們繞桌邊移動的同時接球。

正反手拍切球中階演練

影子練習

影子練習中並沒有球,這是一個檢查正確打擊方式的好方法。

跟隨領導者

一位運動員或是教練帶領團隊在沒有球的情況下練習揮拍,而教學人員從旁檢查技巧。

老師說

運動員必須只有在教練說「老師說」的時候才能跟著接下來的指示。

一二三木頭人

教練說出請運動員模擬正反手拍的指示,並大喊「停」。喊停的時候,運動員不可以動,與此同時教練可以檢查握拍方式是否正確。

自行丟球

1. 以正確的握拍法握拍並且擺好正手拍或是反手拍的預備姿勢。

2. 以非持拍手將球在身前的桌面下丟。

3. 再將球打擊到對面網。

4. 計算成功的丟球打擊數量以及隨著練習進步次數。

5. 由教練站在桌子對面丟球，可以是這項練習的修改版。

打擊來球

1. 一位夥伴或是教練將球丟過往。

2. 在球第一次彈跳時將球擊過網。

3. 計算連續及球次數，瞄準目標並持續計分，試著發揮創意讓運動員保持興趣。

球桶餵球

1. 教練從球桶或是球袋餵球給運動員。

2. 運動運應該在桌子一側排隊，試球員數量而定可以有一或兩排。

3. 教練輕輕地把球打到正手或是反手拍。

4. 球員打擊一定的數量並重新排隊。

5. 教練可以依情況適當調整難度。

6. 目標可以用來瞄準或是計分。

球員雙打

1. 從基本正反手拍開始。

2. 將重點放在打擊後動作、預備姿勢與腳步。

VIDEO COMING SOON

3. 可以進階到打擊對角線球（正反手）並互相交替正反手拍。這項練習對於球員的腳步有極大的幫助。

4. 提醒球員持續互相擊球才是這項練習的重點，而非贏得回合。

5. 目標為增加球員互打的穩定性並增加連續互打的次數。

常見正反手拍錯誤

錯誤	正確	練習／測試參考
誤判球拍與球的空間關係,導致漏接	鼓勵球員看球以及觸球時保持頭部不動	運動員應單以球體而沒有球拍練習
球拍角度過大並且球偏離	示範正確動作,以示球拍角度可以造成不同在空中的球道	在沒有球的情況下模擬練習。請運動員與教練反思錯誤,運用多顆球以及目標練習。
球拍角度過近並且球掉到網中	示範正確動作,以示球拍角度可以造成不同在空中的球道	在沒有球的情況下模擬練習。請運動員與教練反思錯誤,運用多顆球以及目標練習。
擊球反應過慢	嘗試較為慢速的來球並且提早準備／扭身擊球	利用氣球或 44 公厘球,並且聽從教練指示開始扭身／練習擊球。

技巧進程:正反手拍打擊

您的運動員能否做到:	從未	偶爾	經常
判斷球拍與球之間的空間關係	☐	☐	☐
準確而沒有失誤的擊球	☐	☐	☐
總結			

指導重點

鼓勵球員將目標放於控制以及專注於重複的練習，而非速度。如果一位運動員對球失去控制，重新開始並不斷重複。重點在於發展持續不間斷的擊球。

對於有困難的球員來說，利用氣球或是泡綿球練習會更為合適。這些物體可以放慢速度，使得前緣對於新技巧更易於上手。時刻要求運動員在下一次擊球前，持續並且回到預備動作。

餵球的時候變換高度以及速度，好讓運動員學習道並非所有的球都在球拍程度。剛開始應予球員有關球的位置以及球速的口語提示，好幫助他們做出反應。

發球

每一場比賽都從發球開始。在賽事之中,不能容許任務發球失誤。

　　對初學者要往上到進階程度來說,發球可能是最困難的部分。正確的發球技巧需要多方練習,因此初學者需要花時間來發展這項技能。

技巧教學

- 發球應從輕鬆地握置於發球者非持球手的手掌中。在將垂直往上拋之前,此手應平放於在空中最少 16 公分處。應在球往下墜落之時打擊,球先擊中發球者側桌面,再彈至對手側。
- 當擊出發球時,手腕應比平時更為放鬆,使得活動範圍更加寬廣,進而增加旋轉度。
- 鼓勵球員盯著球,並且擊球時頭部保持不動。
- 運用基本正手擊球,示範基礎發球技巧,並請運動員重複或是模擬。透過平時練習以增進。
- 最好的發球為短並在控制之下;發球也可以緩慢,是為了下一步具有攻擊性的出擊鋪路。

- 球員應該學習從兩側發球、正手與反手、常與短發球、上旋與下旋球（高旋球）。
- 隨著比賽發展，中階球員可以學習下旋、高旋或是無旋轉發球。球員應該習得變化旋轉度、速度以及決定發球種類，以防止對手預知球員的下一步。

VIDEO COMING SOON

發球演練

初階發球

1. 透過重複練習發展正確正手拍。
2. 隨著初學者發球技巧進步，應將更多注意力放在觀察發球位置。

正手發球

1. 保持手腕放鬆，發球時以食指及大拇指控制握拍。
2. 隨著球拍面打開，以短引拍動作而在球把遠端觸球。
3. 手腕輕折，球擦過球拍粗糙面。
4. 擲球（將球置於成打開狀的非執拍手手掌），需擲超過 16 公分高。

反手發球

1. 右腳稍微往前，左腳稍後（以橫式握拍法，則可以兩腳成水平姿勢）；身體稍向左傾並擲球。
2. 當球下墜時，往正確方向前上揮拍。
3. 當球在桌面中間第一次彈跳，擊向球體中上方。
4. 如需壓線（長球）則需要更多向前力量。

下旋球（短）發球

1. 下旋球通常為短發球，並可以防止對手攻擊。
2. 練習下旋球時，在距離球網 15-30 公分放置小的物體（塑膠杯、

損壞的球、錢包等等）作為目標，試著擊中目標 10 次並換置目標位置。

VIDEO COMING SOON

上旋球發球

1. 大部分的上旋發球都為長發球，透過在距離球桌底邊數公分放置目標練習。。
2. 試著在當目標在桌角附近以及桌底中心時擊中。
3. 用前傾動作以及球拍稍微閉合擊球。以球拍把對側觸球，以增加球的旋轉度；以靠近球拍把側觸球，則以減少球的旋轉度。

常見發球錯誤

錯誤	正確	演練／測試依據
發球彈度過高	應於球體下側觸球	球員應嘗試將球發至稍微高於網上
發球過長	球應於靠近網區首次彈起	試著以下旋或是無角度擊球，與教練練習正確技巧
球員因為漏接發球而失分並被罰為發球違規	專注於發球技巧	練習發球時專注於技巧

技巧進程：發球

您的運動員能否做到：	從未	偶爾	經常
示範正確正手發球	☐	☐	☐
示範正確反手發球	☐	☐	☐
示範正確下旋發球	☐	☐	☐
示範正確上旋發球	☐	☐	☐
總結			

教學技巧

1. 提醒球員擲球時放鬆手臂，當擊球時球拍與手臂也應快速移動。
2. 向球員解釋他們可以變化數種發球旋轉度、速度與位置（視球拍角度、方向、發球強度與動作而定）。
3. 一些像是用下丟正手拍以及使球員在發球時多方嘗試，可以讓初學者在比賽中擊中球。這些修改方法在比賽是不被允許，卻可以幫助球員學習。

接發球

運動員應在對手擊球時開始預備姿勢，準備好以正手拍或是反手拍迎擊。

預備姿勢時，雙腳打開與肩同寬或是稍寬，膝蓋微彎，身體前傾並將重心放在前腳，使得運動員保持平衡與完全準備好。

在桌球中，正手拍通常為最有力的打擊，因此為此預留越多空間越好。當球員在預備動作時，應往前傾一個球拍的距離，球拍幾乎貼近桌面。如此一來運動員不會離桌子太近或是太遠。

以初階等級來說，應用切球或攻擊兩種方式應對發球。可利用短切、長切或倒版接短發球、長發球則總是用上旋球快攻／快打來迎擊。對於新手來說，應付側旋球有相當難度以及需要了解如何轉動。隨時觀察發球開始動作、球拍方向以及球拍角度。

VIDEO COMING SOON

常見發球錯誤

錯誤	正確	演練／測試參考
握拍過於僵硬或放鬆	放鬆打擊	用球拍與球在桌面練習，改變握拍力道來觀察結果
打擊過力	切勿打擊過力、過輕，適當即可。修正球拍角度並且嘗試往目標打	教練可以在球員打擊時握著他們的手
前推長發球	注意力集中在對手動作上，隨時保持平衡，站在近中間使腳步敏捷－好方便向角落或是側邊移動	嘗試用上旋球或快攻（打）對付所有長發球，用多種球道與教練練習

教學重點

經常提醒球員觀看發球者與來球，快速移動以及回到預備姿勢對於準確擊球相當重要。這項觀念對球員來說可能難以掌握，但卻不可或缺。

移動時擊球

　　對許多特殊奧運桌球員來說，同時移動與擊球可能有難度。教導球員在比賽時，球並不會往他們的方向來相當重要，因此他們必須跟著球移動。跟著球移動在比賽時十分關鍵，應安排應對比賽有關的練習。

技術指導

　　教導有效的移動有六個步驟：

1. 預備－球員應以放鬆的站姿準備。
2. 準確並快速的單腳側步移動，使得運動員準備好擊球。
3. 看著球的方向、速度以及旋轉度跟著移動。
4. 保持平衡且正確預備擊球姿勢（正視對手）。
5. 觸球打擊後保持平衡。
6. 打擊後回到預備姿勢，以準備下步打擊。

移動擊球演練

跳走演練

　　教導球員跳走動作－快速側邊移動最有效的方式，請他們重複此動作。

影子練習

　　球員照著教練喊出「正拍跑／反拍跑」的指示，對空氣打擊。

擲球擊球練習

　　對球桌兩側丟擲或是擊球，要球員移動擊球。

靈活度練習

　　兩位球員各在桌子一邊站好預備姿勢，其中一位當領袖。領袖球員必須以不超過桌子一公尺的前提下，運用小碎跳走步快速兩邊移動，而另一位球員需跟著領袖的移動，可以使兩邊球員個練習 10 秒。

VIDEO COMING SOON

技巧進程：接發球

您的運動員能否做到：	從未	偶爾	經常
站定預備姿勢	☐	☐	☐
觀看發球者與來球	☐	☐	☐
移動時擊球	☐	☐	☐
總結			

教學重點

- 初學者通常不喜歡跟著球跑，他們偏好以手腕觸球。寧願伸長手臂彎曲手腕，也不移動腳步。
- 中階球員可以自在的移動，卻可能無法隨時保持準確姿勢，造成突然跑向太遠的球，或是對太近的球措手不及。

進階技巧

　　球員掌握基本技巧後，你可能會希望他們練習進階技能，來應付真實比賽情況；這些打擊要求更準確的時間掌控與更出色的腳步移動。

反手推擋

　　推擋通常用於防禦上旋球或是弧圈短球，反手推擋雖反手拉球很相似，相較起來卻短許多。

　　這種打擊方式運用來球助力並更有力，有效的推擋可以成功地擊潰攻擊型對手，經過強勁的攻擊後他們可能會稍微失去平衡。

技巧教學

- 從預備姿勢開始，球員稍稍扭身並在球從桌面躍起時擊球，上半身稍微前傾且保持放鬆握拍。
- 視對手擊球的旋轉度與球速，球員需要調整球拍角度。如果來球是強力的旋球，拉近球拍口（利用球拍覆蓋球體）。
- 擋球時，上臂稍稍往前相當重要，確保球員要擋球時身體不過分前傾。

VIDEO
COMING
SOON

正手推擋

　　正手推擋與反手推擋有些微的差距，球拍角度相同，觸球點卻離身體中心點更遠。

技巧教學

- 正手推擋與正手拉球的腿部姿勢相當接近，卻更靠近桌面以提早觸球。
- 利用轉動上臂，將前臂從預備姿勢移動至身體右側。指導球員調整

球拍角度，以計算對手來球的旋轉度與球速，應幾乎維持直立以及保持身體不動。當球體上彈時，球員為了觸球應稍微調整角度與握拍。完成擋球後，雙臂保持放鬆並回到預備姿勢。

VIDEO COMING SOON

正手上旋球

上旋球是桌球最受歡迎的打擊法。上旋球創造出球體華麗的旋轉，使其拱起並快速地向桌面向墜落。為了擊出精準的正手上旋球，球員必須學會所需的力道與旋轉度。上旋球的力度來自球拍與身體向前的動作，旋轉度則是與球表面的摩擦。

技巧教學

- 正手上旋球與正手拉球相當類似。隨著來球接近，應將球拍下移靠近腿部，前臂往右延伸。球拍下移，右腳稍稍向後退以利反擊。扭動身體時，腰部向右轉，球員重心放在右腿。球拍應於身體右側，而非腿後。切記球員不可為了觸球而過分往前傾。透過彎曲手肘，前後揮動手臂。同時腰部應隨著前臂方向轉，在球員移動上臂與手腕時觸球，用球拍刷過球體表面以創造旋轉度。

- 接下來，身體重心應轉移至左腳。隨著打擊的力量，球員可能需要右腳前踏。

- 正手迴圈可以被應用於許多情況中，球員必須視對手來球調整回擊。如對手對正手擊球使出高球快殺，應在彈跳制高點或開始落下時擊球。而相較正手拉球來說，球拍角度稍微更靠近一些。

- 如對手以高旋球迎擊正手擊球，應以更加縮小的球拍幅度（高球快殺）在彈跳制高點擊球。

- 而已強力的反手拉球（切球）來說，應於球下降時擊球，球拍角度向上以及張開。

VIDEO
COMING
SOON

反手上旋球

反手上旋球經常被用來進攻，通常用於對付落點很深的反手發球。旋轉的反手上旋球是很有效的回發球方法。對大多數人來說，打出穩定、緩慢、旋轉的反手上旋球比強力的擊球更有效。

技巧教學

- 如同正手迴圈球，姿勢為技巧重點。當球越網朝向球員時，應持預備姿勢使球落在胃部左側區域。稍稍扭動腰部，手腕以及球拍微幅下拉。重心應於腳前掌，觸球時身體稍稍向上挺直。靠著手肘帶動球拍往前，如同丟飛盤的姿勢。上手臂靠近身體，手肘固定不動。
- 以加速手腕及前臂並且輕刷球體來創造旋轉度。當球員擊出時，應面向對手並向上挺，手臂向上並向前伸展。結束擊球後，手肘不可高於肩膀，並於球從至高彈跳處下降時擊出。如同正手迴圈球，規律的練習使球員習得如何判斷球速與旋轉度來修改球拍角度。

VIDEO
COMING
SOON

切球

切球最常用於防禦。

技巧教學

- 對於正手切球來說，應重心放於右腳及右膝彎曲。此種打擊與正手搓球相當類似，扭身幅度卻更大。轉身時腰部向右，球拍舉至投高，前臂與手腕上下移動，輕刷球體表面。擊球後姿勢應停在身體前側，不一定於身體部位。
- 提醒球員以對手來球旋轉度持續調整球拍角度。

VIDEO COMING SOON

反擊高球

放高球是一種大幅度的防禦打擊，通常從桌後擊出。出色的高球可以達到 7.5 公尺，當球從最高點降落至桌面時，通常會彈跳至高於球員可及高度。

技巧教學

- 儘管高球似乎易於反擊，許多頂尖的球員仍難以破解。放高球的重點在於正確的腳步以及技巧。有些高球帶有側旋度，因此在球落在桌上時就開始預測方向相當重要。
- 許多球員等太久才將腳步至正確位置。當球在空中時，為了成功迎擊來球，球員應開始以小碎步儘量靠近球體。越過頭部的高球並非是精確的出擊。球員應等到球降至眼睛高度，而非在頭部以上打擊。提早觸球使對手措手不及也是另一種出擊方式。

VIDEO COMING SOON

- 擊球後，球員重心應移至左腿。視線不得離開球體，並快調整至反映移動位置。

技巧進程：進階技巧

您的運動員能否做到：	從未	偶爾	經常
演示反手推擋	☐	☐	☐
演示正手推擋	☐	☐	☐
演示正手高旋球	☐	☐	☐
演示反手高旋球	☐	☐	☐
演示切球	☐	☐	☐
反擊高球	☐	☐	☐
總結			

桌球教練要訣一覽

練習訣竅

☐ 教導球員自然且順暢的移動

☐ 教導球員打桌球時運用全身協調性

☐ 運用多變的練習方法並將遊戲結合至技巧課程

☐ 使技巧練習與桌球運動產生關聯

☐ 重複練習以確保球員進步

☐ 利用小遊戲指導技巧

☐ 介紹新技巧時示範（從慢動作示範開始）

☐ 解釋示範的技巧如何運用於桌球運動

☐ 一次不闡述超過 2-3 個觀念

☐ 確保每位運動員可以看到示範

☐ 握拍為桌球運動基本元素，著重於握拍練習

☐ 利用多顆球訓練以培養基礎技能（慢速餵球至定點）

☐ 發展各項打擊法

☐ 關注球拍「刷過」與「打擊」球體

☐ 練習特定比賽情景

☐ 訓練直到球員反射性擊球

☐ 舉行培訓多於比賽

比賽要訣

☐ 討論如何與對手在賽事中合作

☐ 在比賽中與其他桌球員互助

☐ 討論永不放棄的重要性，比賽至達到結束分數時才能結束

☐ 討論桌球運動禮儀，給予對手出色的擊球鼓勵，切勿在比賽中干擾對手

☐ 當對手展現運動家精神時予以表揚

☐ 定期給予運動家精神的鼓勵

鍛鍊實例

　　有許多設計桌球訓練以及將練習課程結合的方式。下列為包含 15 堂訓練樣本的課程，盡情根據各個運動員的技巧與需要來修改課程。

訓練／課程	活動／技巧教學
1.	基礎桌球技巧與規則
2.	正手與反手打擊
3.	雙打與單打回合
4.	正手切球、反手切球與練習回合
5.	腳部與回合練習
6.	上旋球與練習回合
7.	比賽，技巧與戰略
8.	培訓單打錦標賽
9.	技能測試
10.	錦標賽練習
11.	腳步演練
12.	上旋球迎擊下旋球
13.	快攻與高球
14.	總體訓練
15.	雙打錦標賽

了解桌球

在第一堂認識桌球的培訓課程時，激發對桌球強烈的興趣是教練的首要目標。為了達成此效果，可以在初期訓練課程強調下列事項：

- 學習桌球與掌握桌球技巧
- 對訓練產生熱情
- 有意識並持續地參與培訓

教練應該教導年輕球員基礎桌球技巧，並依照個人能力鼓勵進步。特定例子包含：

- 有關球的知識（球分為白色與黃色，直徑 40 公厘，有時候會用稍大的球）
- 有關球桌的知識（球桌大小皆一致，顏色分為藍色或是綠色）
- 有關落球點與球拍角度的知識
- 預備動作的知識
- 腳步重要性的知識
- 旋轉與非旋轉球的差異

切勿預設有限能力球員會知道桌球的得分目標，理解簡易概念可能對這些球員有難度。

86

調整與適應

應儘量符合基本桌球規則，再依照每位特殊球員的需要改編，有時以技巧的效率性取代追求完成度。缺乏表現的能力不應與「基礎能力不足」混為一談，反而應被視為技巧適應與個人風格。

在賽事中，不以符合球員的特殊需求來更改規則相當重要。話雖如此，為了配合前緣需要，而有限程度的調適桌球規則可以被接受。

如有以下情形，對輪椅球員支持並非正確：

A. 球彈跳至接球者的場域後，又往球網方向回彈

B. 球停在接球者的場域

C. 單打情況下，跨過接球方的球界而彈出場域

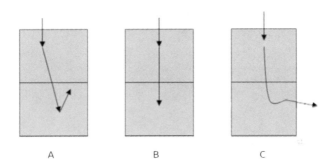

雙打時，當組別中至少有一位身體障礙的輪椅選手時，發球者發球後，身體障礙組別的任何一位球員可以回擊。然而，不管呈站姿或輪椅球員，任何人都不得超出球桌中線。如有犯規，對方因而得分。

為了輔助球員表現，教練可以調整訓練練習、溝通方式與運動用具。

調整練習

變更技巧也包含調整練習，好讓球員可以參與。例如發球練習時，對有些球員例如截肢者或是偏癱來說，無法伸平手掌控球的話，可以用球拍或是執球手丟球。對這些球員來說，如果因為身體障礙因素而無法適當地發球，則應在比賽前調整裁判。通常這項技巧難度不高，但是對於手部機能障礙人士來說，因為需要找到以非持球手拿球，擲球並協調整項動作的方式，他們需要花費更多時間學習。

調整溝通模式

不同的運動員有不同的溝通模式，例如有些運動員對於示範較有反應，也學習的較快，但其他人則需要依靠口語指示。有些運動員可能需要複合的方式，觀看、聆聽甚至閱讀技巧描述。與聽障運動員合作的話，請隨時在他們面前示範以及解釋動作。

調整球具

為了順利參與，有些運動員需求需要為了特殊需求調整球具。例子如下：

A. 為肌肉無力的左撇子桌球員調整的球拍

B. 為因肢體異常而只有兩隻指頭的左撇子球員調整的球拍

C. 為沒有手臂的左撇子球員調整的球拍

D. 遵照國際桌球協會規則，為輪椅球員調整的球桌，桌腳需離桌緣至少 40 公分。

心理準備與訓練

　　無論是力求個人表現，或是與他人競賽，意象訓練對於運動員而言舉足輕重。意象就如同賓州州立大學的布魯斯・海爾所說的「不費吹灰之力練習」相當有效。我們的意識無法辨別現實與想像，不論是生理或是心理層面，這些都為練習的一部分。

　　請運動員在安靜並無干擾的空間，以放鬆姿勢坐下。閉上眼睛並且想像練習一項技巧，如同透過電影大螢幕觀看自己比賽。帶領他們在腦海一步步做完所有練習，越詳細越好，並且運用文字描述－景象、聽覺、觸覺以及氣味。請球員重複這項場景，想像成功演練這項技巧，甚至是得分的情景。

　　有些球員需要幫助來開始這項步驟，其他人可以自我習得。在腦海中演練與實際在桌邊練習的連結一言難盡；然而那些重播熟練技巧景象，並相信此為屬實的球員較有可能實現。因此，觀看優秀的球員打球相當重要，可以透過錄影或線上串流電影播放給球員看。

桌球交叉訓練

　　交叉訓練為一項現代用詞，意指非直接連結比賽的技巧，而較為替代性的訓練。交叉訓練的概念從受傷復建而來，如今被用於運動傷害防治。當跑者因為腿或腳部受傷而無法練跑時，替代訓練可以派上用場，以維持他們的有氧與肌肉量。

　　特定運動有一定限制的功能以及交錯性。交叉訓練的目的為在高強度的特定運動訓練期間，預防運動傷害以及維持肌肉平衡。達到運動卓越的竅門之一就是保持健康，以及挺過長期培訓。交叉訓練使得運動員對針對賽事的訓練保持高度熱情、強度與降低運動傷害風險。

　　例如自行車、跑步、滑板甚至走路這類有趣的活動，除了讓運動員增進全面身體素質，也幫助他們在桌球賽事的表現。要求手眼協調的運動，例如網球、羽球、壘球與排球，可以成為桌球技巧進程的一大助力。

　　現代桌球幾大特色為：耐力、體力、力量、速度、柔軟度、敏捷度以及不可或缺的協調性，因此任何提升這些方向的運動都有相當益處。如何提升全面的、特殊的與特定的身體素質？透過參與運動賽事，像是游泳、有氧健走、爬山、耐力訓練機器、球類運動、健身運動、跳繩、雙人運動、腳步運動、模擬打擊以及高山滑雪這些活動。

居家訓練計畫

1. 如果運動員一週只與教練培訓一次，而缺乏自主訓練，進步的效果會相當有限。可以買到有些幾乎適用所有運動的訓練器材組合，它們包括了大部分居家訓練所需的器材。

2. 為了更有效率，教練應該為家庭成員以及／或是訓練夥伴制定居家訓練方針，這應使訓練夥伴透過不同活動實際體驗的有效時間。

3. 為達成激勵的目的，教練可以透過頒發成就達成證書，給完成一系列居家訓練的運動員以及夥伴。

特殊奧運桌球教練指南
桌球規則、協議與禮儀

目錄

指導桌球規則

　　桌球是一項快速的運動，講求手眼協調。每位運動員的目標都在於利用桌球拍，將球傳過網至對手側。除了傳統賽事外，特殊奧運也包含個人技術項目，使得運動員能夠練習與競技桌球基本技巧。這些像是彈跳，截擊與反手的基本技巧的發展對於運動員參與賽事不可或缺。

　　指導桌球規則最好的時間點在於訓練期間，例如正確的發球對於比賽至關重要。透過練習時教授規則，運動員將在賽事中獲得更出色的經驗。

　　身為一名教練，你有責任了解比賽規則，並傳授給運動員與其他教練。為幫助你完成這項責任，下列為幾項控制桌球的規則。

官方比賽

下列為在特殊奧運會出現的官方桌球比賽：

1. 目標發球

2. 球拍彈球

3. 回擊

4. 單打

5. 雙打

6. 混合雙打

7. 輪椅競賽

8. 融合雙打

9. 融合混合雙打

10. 個人技術競賽

比賽範圍只在為不同能力的運動員提供比賽機會。計畫可能左右比賽的舉行，如有需要，管理這些比賽的指南。教練有責任提供訓練，以及替每位運動員挑選適合其技術與興趣的賽事。

規則

官方特殊奧運桌球規則應掌管所有特殊奧運會比賽。最為一項國際運動項目，特殊奧運會依據國際桌球協會的規定制定這些規則，包括身心障礙分組制（為輪椅競賽）。除非違反特殊奧運桌球規則或是第一條款，國際桌球協會與國家運動管理協會的規定一律適用。在此情況下，特殊奧運協會的規則將被採用。

下列為一些特殊奧運協會與國際桌球協會規則的相異處：

個人技術競賽

1. 手擲球－運動員用單手或是雙手在空中拋球 30 秒。運動員可以接球或是打球，每次擊球可獲得 1 分。如對球失去控制，可再獲

得另一顆球並重新計算。

2. 球拍反彈－運動員在 30 秒內，每用球拍向空中彈球 1 次即可獲得 1 分。如對球失去控制，可在獲得另一顆球並重新計算。

3. 正手截擊－球員站在桌子一側，另一位球員（餵球者）在另一側。總共 5 回合，餵球者將球扔到運動員正手側。球需擊中桌面才算分，運動將球擊入發球框得 5 分。

4. 反手截擊－如同正手截擊，除了餵球者將球仍至運動員反手側。

5. 發球－運動員從桌子左右側各發 5 球，球落入正確發球箱即得 1 分。

6. 最終計分－球員的最終分數取決於前面五項演練的得分。

融合雙打及混合雙打

1. 每組融合運動隊伍需由 1 位運動員與夥伴組成。
2. 每組決定其發球的順序。

目標發球

球員須從桌子左右側各發五球。

球拍反彈

1. 在 30 秒內限制時間內，運動員用球拍將球盡可能的多次將球擊向空中。
2. 如對球失去控制，可在獲得另一顆球並重新計算。
3. 運動員有 2 次 30 秒的機會，應以較多次數回合計分。

回擊

1. 運動員站在桌子一側，而另一側為官方人員（餵球者）
2. 餵球者將球扔到運動員正手側。
3. 運動員將球擊回餵球者側，即得 1 分。如球觸網彈回運動員側，

則不予給分。

4. 運動員目標為總計擊回 5 顆球。

5. 最高得分為 25 分。

運動員領袖計畫

　　運動員領袖計畫使球員展現天分與興趣，接受培訓以及學習可以應用至特殊奧運會的新技能：團隊帶領、志願服務、助理教練、委員會成員、發言人、媒體發言人以及裁判。

運動員擔任裁判計畫

　　運動員擔任裁判計畫，旨在協助特殊奧運運動員發展，安排運動員接受裁判技能訓練，使其能擔任與其運動能力相符的不同級別的比賽裁判。通常會由 1 名導師帶領運動員學習如何執行裁判工作。特殊奧運會計畫應與裁判導師及當地國家運動協會代表合作，協助運動員參與這項計畫來獲得認證。

自選修改比賽規則

　　特殊奧運桌球協會遵循國際桌球協會身心障礙分組制以及輪椅競賽規則。

輪椅

- 輪椅至少有 2 個大輪子 1 個小輪子。
- 在所有競賽中，膝蓋以上的身體部位不得接觸輪椅。若因醫療因素，球員需要貼布或是捆帶，這將在記錄在他們的國際分類卡上。
- 輪椅椅墊數量最多為 2 個，且高度不可超過 15 公分。
- 如有任何支撐結構須加裝在輪椅上，不論連接與否（椅墊除外），必須對選手分級或重新分級。任何沒有經過國際分類書面授權的輪椅加裝結構，皆被視為違法以及剔除選手資格。

上場順序

　　雙打時，當組別中至少有 1 位身體障礙的輪椅選手時，發球者發球後，身體障礙組別的任何一位球員可以回擊。然而，不管呈站姿或輪椅球員，任何人都不得超出球桌中線。如有犯規，對方因而得分。

不算分

　　當發球者因身體障礙因素需坐輪椅，前提為發球必須無失誤：

- 球彈到接球方場域並且往球往回彈。
- 停在接球方場域。
- 在接觸接球方球界後彈出界。

得分

　　當以下情況時得分：

- 雙方或 2 位以上球員因身體障礙坐輪椅，對手擊球時背部及腿部並沒有保持與座椅或椅墊的最小距離。
- 對手擊球時任何一手碰觸球桌。

- 對手在比賽中腳踏墊或是腳部接觸地面。
- 在比賽規則前提之下（如上述）。

球具以及比賽條件

- 輪椅選手專用球桌的桌腳需離桌緣至少 40 公分，在輪椅賽事中，比賽空間可能縮減，但不應少於長 8 公尺長，寬 6 公尺長。

分組

　　各項運動和項目的運動員將依年齡、性別和能力來分組－讓每個人都有合理的獲勝機會。無論是速度最快或最慢的組別，每位運動員都受到同等的重視和認可，因此特殊奧運中並無世界紀錄。每個分組中，從金牌、銀牌和銅牌，到第四名至第八名的緞帶，所有運動員均會獲得獎勵。依同等能力分組的理念是特殊奧運競賽的基礎，並體現於所有項目之中，無論是田徑、水上運動、桌球、足球、滑雪或體操皆是如此。所有運動員都有平等機會能參與、表現以及因盡其所能而獲得團隊成員、親朋好友和觀眾的認可。

　　分組為驗證運動員以及透過能力為比賽準確分級的方式。

　　運動員與隊伍參照以下準則分組：

　　1. 依照性別

　　2. 依照年齡

個人	隊伍
8-11	15 以下
12-15	16-21
16-21	22 以上
22-29	
30 以上	

3. 依照能力（最重要）

- 15% 表現指南
- 賽前（參賽資格）得分－特殊奧運運動會「運動員資料表」
- 初步（現場）表現
- 觀察選手比賽以及分組賽（有時在暖身時間），填寫觀察表並替選手評分
- 每組最少 3 人，至多 8 人

融合運動隊伍競賽

1. 名單需包含一定數量的運動員及夥伴。

2. 融合桌球運動提供以下賽事：

- 融合雙打

- 融合混合雙打

每組融合運動隊伍須包括 1 位運動員以及 1 位伙伴，每組應決定其發球順序。

3. 每組需有 1 位不參賽的成人教練，負責比賽中排隊以及隊伍活動（教練不得參與比賽）。

成功舉行融合運動比賽的重點在於每組年齡及能力平均分佈。招募球員／夥伴的建議如下：

- 地方性特殊、主流以及開放性學校

- 地方性桌球俱樂部（理想為初階、中階球員）

- 地方、區域及國家級桌球協會、特殊教育學校

融合運動規則

　　融合運動比賽規則，官方特殊奧運比賽以及規則手冊裡的修訂並無差異。

　　融合桌球運動旨在透過聚集智能障礙以及非智能障礙人士，進一步促進智能障礙者交流。當隊伍內年齡與能力相仿，將提升隊友之間的平等性。挑選年齡與能力相似的運動及夥伴，對於融合桌球的訓練及競賽至關重要。

　　融合運動中非常重要的一點是，夥伴需了解他們在團隊和特殊奧林匹克運動中的角色。融合運動夥伴在選手中不能表現突出或是強勢，也不能展示自己的才華。好的夥伴是能與球員同場競技並具有相等能力的夥伴。在理想的世界中，要區分球員和融合運動夥伴的貢獻是很困難的一件事。

抗議

抗議程序受到比賽規則約束，比賽管理團隊的責任在於執行規則。身為一名教練，你對運動員的職責是對於比賽中任何違反桌球規則的事件。相當重要的是，不要因為沒有得到理想結果而抗議。抗議為影響比賽時程的嚴重事件，賽前與比賽經理討論以了解抗議程序。

抗議與上訴程序

只有總教練以及指定的註冊教練（總教練缺席）才可以提出申訴。必須完整填寫所有表格，並包含以下資訊：

- 日期
- 申訴時間
- 運動、事件、性別分組
- 運動員姓名、代表團
- 抗議原因（特定違反特殊奧運規則）
- 教練簽名

提出抗議後，由體育經理以及首席官員組成的體育特定陪審團將作出裁決。陪審團作出決定後，教練可以選擇接受或是上訴至世界運動會陪審團。陪審團申訴由運動會組委會（GOC），特殊奧運會，以及技術官員代表組成。上訴至陪審團後為最終決議，任何涉及主審人審判的抗議將不予考慮。

桌球協議與禮儀

練習期間

　　良好的桌球禮儀與協議從練習開始，教導你的球員維持運動家精神以及尊重官方人員、隊友、對手以及志工，這些態度都將延續到實際競賽時。身為一名教練，你就是團隊的示範，隨時保持以身作則的態度。

　　練習時，確保你的運動員遵守他們應盡的規範。當你的運動員越了解規則，他們就越能理解發出指令的原因。在練習維持相同的指令方式，可以減少球員在比賽中疑惑或是沮喪的機會。在練習中開始教導對官方人員以及對手的尊重，教練必須為運動家精神立下高標準。

比賽進行時

　　桌球是一項充滿競爭性的運動，正面的情緒才能帶出最出色的表現。對於教練來說，試著控制情緒以及表現出運動家精神可能有難度。以下為一些與運動員分享的秘訣：

　　1. 熟記並尊重比賽規則。

　　2. 尊重對手、隊友、規範、觀眾、官方人員、教練以及合作夥伴。

　　3. 試著替換，桌球是一項耗體力的運動。

　　4. 在比賽中多喝水以及運動飲料。

　　5. 始終遵守公平競爭的規範。

運動家精神

「勇敢嘗試、爭取勝利。」

　　好的運動家精神不僅是教練，也是球員對公平競爭，道德行為與誠信的諾言。在觀念與行為實踐中，運動家精神代表了氣度與對他人關心的高標準。下列為一些如何向運動員教導與訓練運動家精神的重點。

競爭努力

- 在每場比賽全力以赴
- 在練習與比賽中付出同等努力
- 永遠完成比賽－永不放棄

始終公平競爭

- 時刻尊重比賽規則
- 總是保持運動家精神以及公平競爭
- 尊重裁判判決

對教練的期許

- 隨時替參賽者與觀眾以身作則
- 指導參賽者正確的運動家精神責任以及要求他們展現出最高標準
- 給予運動員正向回饋
- 尊重裁判判決、遵守比賽規則並切勿煽動支持者
- 尊重敵方教練、領導者、參賽者與支持者
- 公開與裁判與對方教練握手
- 對沒有展現運動家精神的參賽者予以懲處

對融合運動中運動員與夥伴的期許

- 尊重隊友
- 隊友失誤時予以鼓勵

- 給予對手尊重，比賽前後握手
- 尊重官方裁判、遵守比賽規則並切勿煽動支持者
- 與裁判、教練、領導者與其餘參賽者合作以公平競爭
- 若其他隊伍表現失當，切勿報復（口頭或肢體）
- 謹慎接受特殊奧運代表的責任與特權
- 將全力以赴視為贏得比賽
- 盡力達到教練指示的最高運動家精神標準

教練要訣

- 教導運動員尊重裁判及其判決
- 教導運動員遵守規則
- 教導運動員基本桌球規則
- 在每場比賽與練習後給予運動家精神獎勵或肯定
- 當運動員展現運動家精神時給予表揚

謹記

- 運動家精神為賽前，賽中與賽後你與運動員展現出的態度
- 對競賽保持正面
- 尊重對手與自身
- 憤怒及生氣時自我控制

桌球術語詞彙表

詞彙	定義
反手	右撇子選手的左側，左撇子選手的右側 VIDEO COMING SOON
推擋	針對上旋球與快攻的防禦 VIDEO COMING SOON
切球	透過反手旋球或無旋轉球的防禦回擊 VIDEO COMING SOON
雙打	一場由兩位選手組對的比賽（男性或女性）
打擊	攻擊、推擋與上旋球的基本技巧
撥球	針對短球（越過桌面）的攻擊
正手	右撇子選手的右側，左撇子選手的左側
桌協會	國際桌球協會
重發球	不計分的回合
高球	具有相當高度與極大旋轉度的防禦打擊
混合雙打	一場男女組隊互打的比賽
阻礙	當對手來球，球未越過自身球場或是球界，球員穿戴的物品、觸摸到球
直拍	從反身側的正手攻擊
得分	有計分的回合
搓球	主要用於置球與控球的防禦技巧
回合	一段比賽打球的時間
持拍手	握球拍的手
接球者	擊球順序第二位的球員
跟場裁判	負責計分的官方人員
發球者	擊球順序首位球員

詞彙	定義
單打	兩人互打的比賽形式（男對男／女對女）
快攻	用於結束回合的有力攻擊，通常以回擊有高度的球－高球
打擊	球員以手持拍或是球拍在手腕下方擊球
高旋球	旋轉度極高的攻擊 VIDEO COMING SOON
裁判	控制比賽的人員
融合雙打	由兩隊進行的特殊奧運比賽，包含一組特殊奧運球員以及夥伴

特殊奧林匹克：
桌球——運動項目介紹、規格及教練指導準則
Tabbe Tennis：Special Olympics Coaching Guide

作　　　者／國際特奧會（Special Olympics International，SOI）
翻　　　譯／陳佳昕
出 版 統 籌／中華台北特奧會（Special Olympics Chinese Taipei，SOCT）

總 編 輯／賈俊國
副 總 編 輯／蘇士尹
編　　　輯／高懿萩
行 銷 企 畫／張莉榮・蕭羽猜・黃欣

發 行 人／何飛鵬
出　　　版／布克文化出版事業部
　　　　　　台北市中山區民生東路二段 141 號 8 樓
　　　　　　電話：(02)2500-7008 傳真：(02)2502-7676
　　　　　　Email：sbooker.service@cite.com.tw
發　　　行／英屬蓋曼群島商家庭傳媒股份有限公司城邦分公司
　　　　　　台北市中山區民生東路二段 141 號 2 樓
　　　　　　書虫客服服務專線：(02)2500-7718；2500-7719
　　　　　　24 小時傳真專線：(02)2500-1990；2500-1991
　　　　　　劃撥帳號：19863813；戶名：書虫股份有限公司
　　　　　　讀者服務信箱：service@readingclub.com.tw
香港發行所／城邦（香港）出版集團有限公司
　　　　　　香港灣仔駱克道 193 號東超商業中心 1 樓
　　　　　　電話：+852-2508-6231　　傳真：+852-2578-9337
　　　　　　Email：hkcite@biznetvigator.com
馬新發行所／城邦（馬新）出版集團 Cité (M) Sdn. Bhd.
　　　　　　41, Jalan Radin Anum, Bandar Baru Sri Petaling,
　　　　　　57000 Kuala Lumpur, Malaysia
　　　　　　電話：+603- 9057-8822　　傳真：+603- 9057-6622
　　　　　　Email：cite@cite.com.my
印　　　刷／韋懋實業有限公司
初　　　版／2022 年 12 月
售　　　價／新台幣 200 元
I S B N／978-626-7256-20-6
E I S B N／978-626-7256-09-1（EPUB）

城邦讀書花園　🔲布克文化
www.cite.com.tw　www.sbooker.com.tw